AF483071

EXERCICES
ORTHOGRAPHIQUES.

L'élève emploiera l'article *le, la, les* dans les exercices suivants.

1. Le visage, les visages, la figure, les figures, tête, front, sourcil, joue, bouche, lèvre, dent, menton, oreille, cou, gosier, épaule, coude, main, doigt, pouce, ongle, jambe, pied, corps, cheveu, langue, œil, nez, dos, côté, poitrine, estomac, cœur, voix, ventre, membre, bras, genou, os, chair, peau, muscles, sang, force, santé, maladie, homme, femme, âge, monsieur, dame, enfant, oncle, tante, neveu, nièce, cousin, cousine, frère, sœur, père, mère, garçon, fille, demoiselle, fils.

2. Famille, parent, jeunesse, vieillesse, nourrice, baptême, parrain, marraine, nom, prénom, aliment, nourriture, lait, crème, déjeuner, café, thé, sucre, pain, croûte, mie, tranche, pitance, chocolat, gâteau, bonbon, riz, dîner, biscuit, brioche, soupe, bouillon, rave, chou, poireau, boisson, vin, bière, eau, cidre, viande, bouilli, rôti, pâté, jambon, boudin, saucisse, salade, laitue, céleri, ail, ognon, sel, poivre, vinaigre, huile, légume, pois, fève, haricot, épinard, oseille.

3. Chicorée, asperge, artichaut, cardon, potiron, navet, dessert, fromage, figue, amande, noix, noisette, melon, goûter, fruit, fraise, framboise, cassis, cerise, abricot, prune, pêche, mûre, raisin, grappe,

1

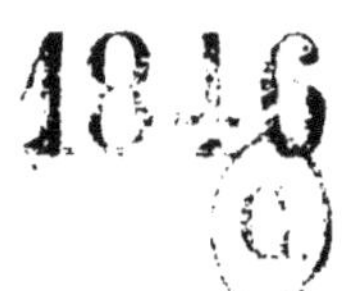

poire. pomme. pépin. pelure. souper. ragoût. sauce. jus. lard. omelette. beignet. vêtement. habit. veste. costume. trou. linge. chemise. manche. col. cravate. mouchoir. bas. bretelle. gilet. caleçon. culotte. pantalon. gousset. pan. poche. bouton. manteau. gant. bonnet. chapeau. botte. soulier. guêtre. sabot. pantoufle. savate. chaussure. bourse. lunette.

4. Tabac. tabatière. canne. bâton. coiffure. tresse. peigne. dentelle. voile. corset. lacet. jupe. robe. tablier. ceinture. ruban. boucle. nœud. bague. collier. éventail. parasol. parapluie. jonc. châle. fichu. pointe. jarretière. bracelet. ville. peuple. habitant. bourgeois. bourgeoise. hôtel. cabaret. hôpital. rue. pavé. quai. pont. fontaine. bassin. canal. maison. mur. muraille. cour. entrée. jardin. escalier. degré. galerie. corridor. poutre. plancher. toit. tuile. sonnette. porte. serrure. clef. loquet. fenêtre. croisée. vitre. cheminée. appartement. cuisine.

5. Potager. salle. salon. chambre. cabinet. alcôve. grenier. cave. caveau. mobilier. ustensile. meuble. commode. bureau. tiroir. secrétaire. armoire. tapis. rideau. chaise. fauteuil. lit. dossier. miroir. pendule. paillasse. matelas. drap. oreiller. traversin. couverture. coussin. table. buffet. berceau. nappe. serviette. verre. fourchette. cuiller. couteau. timbale. gobelet. carafe. bouteille. bouchon. pot. soupière. couvercle. plat. salière. écuelle. tasse. soucoupe. cafetière. sucrier. corbeille. panier. anse.

**L'élève emploiera les déterminatifs *un*, *une*, *des*
dans les exercices suivants.**

6. Un balai. des balais. une marmite. des marmites. coquemar. briquet. amadou. allumette. bois.

fagot. bûche. pelle. pincette. pince. soufflet. feu.
flamme. braise. charbon. suie. cendre. lumière.
chandelle. mèche. suif. chandelier. mouchette.
lampe. lanterne. falot. vente. marché. achat. com-
merce. magasin. marchand. marchande. boutique.
marchandise. paquet. enveloppe. ficelle. étoffe.
pièce. mesure. mètre. draperie. flanelle. nankin.
velours. toile. taffetas. batiste. indienne. fil. coton.
laine. soie. épicier. épicière. caisse. tonneau. paiement.

7. Baril. fond. cercle. poids. balance. quintal.
gramme. monnaie. franc. centime. gain. profit.
perte. épargne. économie. fortune. richesse. trésor.
bonheur. dépense. voiture. cabriolet. industrie.
état. métier. fabricant. maître. maîtresse. ouvrier.
ouvrière. meule. moulin. meunier. meunière. sac.
apprenti. apprentie. boulanger. boulangère. four.
tamis. farine. pâte. levain. charcutier. charcutière.
pâtissier. pâtissière. confiseur. perruquier. perru-
quière. cordonnier. cordonnière. cuir. poix. chape-
lier. chapelière. étui. tailleur. couturière. lingère.
ciseau. épingle.

8. Pelote. écheveau. peloton. dévidoir. aiguille.
teinturier. teinturière. potier. rémouleur. horloger.
montre. cadran. outil. lime. imprimeur. presse.
livre. volume. relieur. colle. carton. parchemin.
chaudronnier. couvreur. serrurier. menuisier.
maçon. charpentier. laitier. laitière. portier. por-
tière. coiffeur. coiffeuse. matelassier. matelassière.
chiffonnier. chiffonnière. pêcheur. pêcheuse. dan-
seur. danseuse. acteur. actrice. mercier. mercière.
charbonnier. boutiquier. balayeur. balayeuse. bro-
deur. brodeuse. cabaretier. cabaretière. fruitier.
fruitière.

9. Bijoutier. bijoutière. doreur. doreuse. chan-
teur. chanteuse. acheteur. acheteuse. cuisinier.
cuisinière. écorcheur. écorcheuse. serviteur. ser-

vante. éducation. institution. pensionnat. malice.
babil. amitié. querelle. coup. désordre. bruit.
tapage. dégât. punition. prison. récompense. mur-
mure. larme. sanglot. regret. repentir. pardon. promesse. docilité. silence. travail. occupation. ouvrage. récréation. jeu. amusement. carte. domino.
partie. revanche. volant. raquette. balle. palet.
quille. boule. échasse. patin. balançoire. exercice.

10. Militaire. chef. général. capitaine. sergent.
caporal. soldat. tambour. trompette. fifre. grena-
dier. chasseur. voltigeur. cavalier. hussard. lancier.
dragon. cuirassier. carabinier. artilleur. uniforme.
shako. cocarde. pompon. giberne. arme. canon.
fusil. pistolet. poudre. sabre. épée. boulet. bombe.
obus. biscaïen. lance. guerre. bataille. victoire.
drapeau. promenade. départ. marche. étape. course.
fatigue. repas. repos. retour. semestre. permission.
congé. collège. instruction. écolier. classe. pupitre.
banc. table.

L'élève emploiera les déterminatifs ce, cet, cette, ces
dans les exercices suivants.

11. Ardoise. craie. crayon. papier. cahier. encre.
plume. canif. règle. lecture. fable. conte. histoire.
écriture. modèle. exemple. raie. ligne. lettre. ortho-
graphe. grammaire. mot. alphabet. syllabe. accent.
tréma. cédille. apostrophe. tiret. virgule. devoir.
thème. faute. progrès. négligence. réprimande.
attention. application. éloge. prix. distribution.
chiffre. nombre. problème. dimension. géographie.
monde. ciel. soleil. étoile. lune. terre. mine. montagne. métal. fer. acier. cuivre. laiton. étain. plomb.
pierre. caillou. marbre.

12. Rocher. colline. pente. source. eau. ruisseau.
rivière. fleuve. lac. mer. vague. écume. île. rive.

rivage. bord. plaine. désert. royaume. roi. reine.
empire. religion. ange. saint. curé. prêtre. vicaire.
autel. église. clocher. horloge. chaire. évêque. cardinal. messe. sermon. chant. psaume. prière.
morale. douceur. bonté. sagesse. juif. juive. cerf.
biche. verrat. truie. babillard. auvergnat. babillarde. auvergnate. français. française. anglais.
anglaise. marquis. marquise.

13. Sultan. sultane. abbé. abbesse. duc. duchesse.
villageois. villageoise. apprenti. apprentie. ami.
amie. gourmand. gourmande. prophète. prophétesse. suisse. suissesse. jésuite. jésuitesse. chanoine.
chanoinesse. hôte. hôtesse. tourtereau. tourterelle.
voyageur. voyageuse. époux. épouse. malin. maligne. dévot. dévote. normand. normande. prince.
princesse. mulâtre. mulâtresse. espion. parisien.
espionne. parisienne. ambassadeur. ambassadrice.
fondateur. fondatrice. visiteur. visiteuse. citoyen.
citoyenne. fripon. friponne.

14. Comédien. comédienne. comte. comtesse.
ogre. ogresse. diable. diablesse. drôle. drôlesse.
traître. traîtresse. coureur. coureuse. plaideur.
plaideuse. calculateur. calculatrice. gueux. gueuse.
curateur. curatrice. dormeur. dormeuse. inventeur.
inventrice. farceur. farceuse. gredin. gredine. parleur. parleuse. grondeur. grondeuse. porteur. porteuse. corrupteur. corruptrice. séducteur. séductrice. rieur. rieuse. quêteur. quêteuse. rêveur.
rêveuse. rôdeur. rôdeuse. prêteuse. prêteur. priseur. priseuse. lecteur. lectrice. adulateur. adulatrice.

15. Tuteur. tutrice. archiduc. archiduchesse.
enchanteur. enchanteresse. demandeur. demandeuse. demanderesse. devin. devineresse. câlin.
câline. citadin. citadine. coquin. coquine. allumeur.
allumeuse. fou. folle. turc. turque. grec. grecque.
poltron. poltronne. vigneron. vigneronne. indiscret.

indiscrète. algérien. algérienne. vieux. vieille.
ravaudeur. ravaudeuse. intrigant. intrigante. trompeur. trompeuse. empoisonneur. empoisonneuse.
coquet. coquette. huguenot. huguenote. morveux.
morveuse. vieillot. vieillotte. pécheur. pécheresse.
italien. italienne. ancien. ancienne. baron. baronne.
larron. larronnesse.

**L'élève emploiera les déterminatifs *mon, ma, mes*
dans les exercices suivants.**

16 Dessin. peinture. portrait. tableau. gravure.
estampe. image. musique. musicien. instrument.
orgue. piano. guitare. violon. archet. flûte. clarinette. cor. cymbale. flageolet. basse. trombone.
cornet. basson. bugle. ophicléide. fermier. fermière. faneur. faneuse. berger. bergère. moissonneur. moissonneuse. bétail. troupeau. écurie.
crèche. étable. grange. remise. puits. pompe. poulailler. volière. cage. jardin. terrasse. plante. fleur.
arbre. champ. terrain. culture. labourage. blé.
fumier. graine. épi. paille. gerbe. lien. récolte.
17. Moisson. pré. verger. prairie. verdure.
herbe. fourrage. trèfle. foin. sainfoin. luzerne.
regain. orge. avoine. seigle. pois. fève. haricot.
lentille. chanvre. lin. vigne. vendange. haie. allée.
avenue. chemin. sentier. bosquet. forêt. chêne.
gland. peuplier. buis. tilleul. sapin. saule. hêtre.
orme. bouleau. acacia. ronce. buisson. racine.
tronc. branche. feuille. écorce. mousse. ortie.
charrue. pioche. bêche. houe. herse. serpe. faux.
van. râteau. arrosoir. hotte. brouette. chariot.
charrette. tombereau. roue. bride. fouet. joug.

18. Longe. animal. âne. ânesse. bœuf. vache.
génisse. taureau. veau. mouton. brebis. agneau.
bélier. bouc. chèvre. chevreau. chevreuil. biche.

cheval. jument. chat. chatte. chien. chienne. rat. souris. cerf. lièvre. hase. levraut. lapin. lapereau. singe. guenon. castor. marmotte. éléphant. chameau. lion. lionne. tigre. tigresse. loup. louve. renard. ours. oiseau. coq. poule. poulet. poussin. dindon. canard. oie, cygne. pigeon. colombe. corbeau. moineau. pinson. serin. serine. rossignol. fauvette. hirondelle. perroquet. aigle. cigogne.

19. Mandat. plainte. muscade. jumeau. jumelle. arsenal. bocal. bail. acajou. hallebarde. laquais. vernis. chasse. aveu. face. cuirasse. anneau. lambeau. palais. abcès. grimace. massé. menace. hamac. amadou. préface. race. rosace. camaïeu. caïeu. appeau. arbrisseau. canal. cyprès. trace. arceau. baliveau. logis. bandeau. bambou. cravache. moustache. barreau. bedeau. corail. hameçon. hanche. fonds. anchois. panache. tache. palissade. panade. peine. crainte. complainte. loqueteau.

20. Louveteau. cataplasme. dartre. climat. combat. hangar. vis. vice. portefaix. croix. perdrix. bois. bâche. relâche. tâche. gâche. merlin. rotin. patrouille. fouille. maniveau. maquereau, marteau. émail. bijou. haquet. harangue. bois. moule. troupe. coupe. parade. passade. capital. salade. poivrade. pommade. monceau. rade. rasade. barricade. agrafe. carafe. girafe. paraphe. épitaphe. blaireau. bluteau. confessionnal. corporal. travail. vantail. clou. attache. miracle. tabernacle. abordage. arrosage. teinte. affaire. certificat. contrat.

L'élève emploiera les déterminatifs *ton*, *ta*, *tes* dans les exercices suivants.

21. Rabat. châssis. sursis. horde. hareng. matois. minois. fiacre. massacre. niveau. boisseau. accolade. cordial. mail. détail. cristal. arcade. attelage. bar-

rage. bourreau. boyau. blocage. cordage. automate. latte. scrutin. tour. vautour. bureau. cadeau. balustrade. cascade. panneau. passereau. bal. attirail. éventail. apothicaire. bibliothécaire. sournois. intrus. fanal. journal. local. charade. estrade. dommage. escapade. enjeu. désaveu. engrenage, caveau, épieu, essieu. fanfaronnade. propriétaire. cerneau, chalumeau. fermage. fournaise, harnais,

22. Refus. forfait. fraude. gage. madriga... mal. maréchal. cordon. lardon. harpe. harpon. berline, praline. déroute. poteau. pourceau. tampon. broderie. clouterie. embarras. enclos. propos. poterie. métairie. chaudron. chevron, perdreau. pigeonneau. glissade, addition. gasconnade. limonade. pinceau. bobine. seringue. minéral. filou. souhait. trait. cabas, corbeille, javelle. cadenas. compas, bracelet. brevet. coffret. pruneau. radeau. original. piédestal. vitrail. gouvernail. dalle. malle. mets. entremets.

23. Croquis. cervelas. rameau. réseau. processionnal. débris. laitage. turban. tyran. osselet, vasistas. lilas. articulation. autorisation. héros. héroïne. héron. héraut. capitulation. bénédiction. mousquet. toupet. langage. mariage. lieu. sujet. trajet. paillasson. roseau. aigrette. alouette. principal. procès-verbal. carnaval. taillis. tamis. relais. marais. poinçon. leçon. régal. bavette. boulette. composition. décision. chanteau. chapeau. camail. démolition. provençal. provincial. cuvette. galette. girouette. outrage. ouvrage. audience.

24. Bienséance. captivité. charité. rouleau. niais. biais. dais. description. dissipation. conférence. hésitation. hache. page. paysage. herminette. mouchette. cérémonial. quintal. diligence. essence. fluxion. fonction. tablette. recette. pâturage. placage. sceau. seau. offense. négligence. potence. tisserand. géant. commis. rubis. notion.

prétention. roulage. hibou. sauvage. tapage. négo-
ciant. trident. gendre. géomètre. barrique. colique.
subtilité. témérité. traité. voyage. gage. partage.
radical. signal. tunique.

25. Fabrique. sortie. canton. marmiton. rabais.
mousqueton. accès. excès. joujou. licou. hérétique.
hérisson. héritier. tracas. amas. navire. choriste.
liste. organiste. ancre. écaille. tenaille. biographie.
bougie. lithographie. chéneau. copeau. cordeau.
matou. pou. tas. atlas. noix. voix. pli. vue. colon.
durillon. revue. entêtement. servitude. ingratitude.
solitude. chasselas. damas. sangsue. mépris. hon-
nêteté. honneur. bain. daim. tasseau. concurrent.
horizon. houblon. râpe. concurrent. tombeau. tonneau. échalas. fatras.

L'élève emploiera les déterminatifs son, sa, ses dans
les exercices suivants.

26. Logement. mandement. croix. crucifix.
choix. calcul. consul. toutou. sapajou. total. honte.
hoquet. coteau. souterrain. souverain. mitaine.
neuvaine. cuveau. créneau. procès. succès. legs.
broche. socle. méthode. mode. étymologie. généa-
logie. galetas. judas. pas. fiche. affiche. trépied.
chirurgien. mathématicien. coffre. courroie. bas-
cule. formule. pertuis. flux. plaque. milliard. mou-
chard. traîneau. traiteau. convoi. courant. liberté.
autorité. glouglou. poil. trépas. verglas. horreur.
houille. concours. troupeau. mule. spatule. rhume.

27. Enclume. sas. ramas. phénix. mors. abreu-
voir. battoir. réservoir. coquille. séchoir. calife.
pontife. griffe. coloris. coulis. taudis. nid. pétard.
placard. poignard. vieillard. écriteau escabeau.
houppe. housse. blessure. bordure. gâchis. hachis.

œuf. mangeoire. nageoire. vertige. volige. fardeau.
fourneau. crin. phare. marge. lucarne. huche.
huile. treillis. marque. vassal. putois. carquois.
brûlure. ceinture. lavis. coutil. péril. faucille. qua-
drille. patte. fourreau. fuseau. houlette. humidité.
gaz. lime. décime. queue. assassin. burin. calepin.
lambris.

28. Paradis. aile. trottoir. virole. rôle. fantôme.
tonne. compte. fonte. hypocrite. trumeau. tuyau.
culture. facture. morsure. ordure. parvis. pays.
tort. transport. bec. renfort. crête. vaisseau. ver-
misseau. billot. complot. attribut. début. rebut.
salut. tapis. surplis. jalousie. paralysie. pleurésie.
gueule. gâteau. hameau. joyau. jabot. rabot. touc.
humeur. poison. tison. toison. trahison. clou. caillou. verrou. héliotrope. hémisphère. trou. licou.
bouquet. juge. soupirail. plumail. poitrail. coucou.
toesin. goutte. voûte.

29. Hauteur. chapiteau. plumage. favori. favo-
rite. nègre. négresse. orphelin. orpheline. voisin.
voisine. serin. serine. veuf. veuve. jouvenceau.
jouvencelle. magicien. magicienne. voleur. voleuse.
bailleur. bâilleuse. bailleur. bailleresse. jaloux. ja-
louse. protecteur. protectrice. compagnon. com-
pagne. travailleur. travailleuse. directeur. direc-
trice. spectateur. spectatrice. dogue. doguesse.
boucher. bouchère. carlin. carline. bambin. bam-
bine. conducteur. conductrice. conservateur. con-
servatrice. délateur. délatrice. idiot. idiote. bigot.
bigote.

30. An. année. saison. printemps. été. automne.
hiver. chaleur. nuage. vent. éclair. tonnerre. pluie.
grêle. orage. tempête. ouragan. brouillard. fraî-
cheur. froid. grésil. neige. gelée. glace. dégel.

mois. semaine. jour. journée. heure. minute. mo-
ment. instant. matinée. matin. soir. soirée. veillée.
ombre. nuit. obscurité. coucher. sommeil. rêve.
réveil. lever. fête. solennité. étrenne. dragée. al-
manach. calendrier. village. campagne. paysan.
paysanne. autruche. reptile. serpent. vipère. cou-
leuvre. tortue. crocodile. lézard. grenouille. cra-
paud. poisson. baleine. requin. brochet. carpe.
truite. écrevisse. limaçon. escargot. insecte. puce.
ver. punaise. araignée. grillon. sauterelle. cigale.
cousin. moucheron. abeille. guêpe. fourmi. han-
neton. chenille. papillon. paresseux. paresseuse.
priseur. priseuse. calomniateur. calomniatrice. lu-
tin. gouverneur. gouvernante. lutine. galeux.
joueur. joueuse. insensé. inconnu. insensée. incon-
nue. étourdi. étourdie.

EXERCICES SUR LES ARTICLES COMPOSÉS.

1. Le château de le seigneur. la consolation de
le malheureux. le chef de le gouvernement. le
homme de la nature. le fanal de le port. le vaisseau
de le amiral. les beauté de le pays. le ami de le
prince. le palais de le roi. la maison de la reine. le
légume de le jardin. le tambour de le régiment. je
parle à le roi. la voiture de le roi. les commandement
de le seigneur. les jeunes gens de les campagne.
la légèreté de les écolier. la bonté de le père.

2. La patience de les maître. les lion de les forêt. la vie de le monarque. le puits de le village.
les soupirail de les cave. les bijou de le marchand.
la voix de le enfant. les troupeau de les berger. le
poisson de le étang. le taureau de la étable. les
oiseau de les champ. les loup de les bois. les général de les armée sont chers à les prince. les brebis
et les génisse sont les plus doux de les animal do-

mestiques, le chien est fidèle à le maître qui le
nourrit. la amitié de les enfant.

3. Le bonheur parfait tient plus à les affection
qu'à les événement, le œil de le maître. la application à les devoir. la imprudence de le écolier. la
bassesse est la préférence de le intérêt à le honneur: les larmes de le malheureux découlent de le
cœur. la armée victorieuse de les ennemi. le
homme est le maître de les être viv nts. la application à les affaire. la habileté de le magistrat. le honneur de les homme intègres. le agneau de le voisin.
le habit de le pauvre. la herbe de les champ.

4. L'or est le premier de les métal. on doit s'appliquer à les science. les science sont l'ornement
de les jour de le homme. la docilité plaît à les parent. les corde de la lyre de le dieu de les beaux
art. la école de le village. à les petit de les oiseau
Dieu donne la pâture. le premier de les devoir de
le citoyen c'est l'obéissance à les loi. on doit le res-
pect à la vertu, à le rang, à les vieillard et à le mal-
heur. la générosité est la vertu de les cœur bien
nés. les parent donnent des preuve de le plus vif
attachement à les enfant qui répondent à les soins
de les maître.

5. La nature a blanchi le lait de les mère, de
peur que les enfant ne s'accoutumassent à le sang.
le bonheur de les méchant s'écoule comme un tor-
rent. le remords se réveille à le cri de la nature. la
politesse est à le esprit ce que la grâce est à le visage. un cœur bien né ne résiste pas à les parole
de la amitié. la adresse de le sculpteur. les outil de
le maçon. les arbre de le jardin. le état de le premier homme. le pouvoir de le juge. la religion est
la base de la société, le appui de les empire et la
source de le bonheur de les individu.

6. Les livre de les écolier. les arme de les soldat.
Homère est le premier de les poëte. Cicéron fut le

plus éloquent de les orateur romains. la France est le pays le plus agréable de le Continent. les Normand étaient des peuple de le Nord. Socrate fut le plus sage de les Grec. la vie de les homme est plus courte que celle de les corneille. le soleil, la lune, les étoile, sont l'ornement de le ciel. grâce à les progrès de la ...ustrie les bois font place à ... charm... ... le... pâtur... ... les village et enfin à ... ville. le bœuf est endurci à le travail. les peuple de le Nord sont durs, ils sont faits à les fatigue. le homme vertueux a la estime de les honnêtes gens.

EXERCICES SUR LES ADJECTIFS

1. Le pays abondant. les pays abondants. ... récolte abondante. les récoltes abondantes. lettre abréviatif. signe abréviatif. terme abusif. procédure abusif. force accélérateur. mouvement accélérateur. indice accusateur. fruit acerbe. vie actif. dette actif. service actif. tribunal actuel. grâce actuel. fer accusatrice. fonction administratif. puissance administratif. point admiratif. tisane, adoucissant. louange adulateur. particule adversa... musique aérien. perspective aérienne. parole affectueux. proposition affirmative.

2. Le regard agaçant. les regards agaçants. ... société agréable. les sociétés agréables. nègre a... franchi. négresse affranchi. peuple admirateur. misère affreux. son aigu. fièvre aiguë. maladie aigu. mal aiguë. circonstance aggravant. repartie aigredoux. tige ailé. air aisé. entrée facile et aisé. cheval alezan. canal alimentaire. proposition alternatif. démarche altier. regard altier. conduite ambitieuse. style ambitieux. hôpital ambulante. vie ambulant. phrase ampoulé. ancien maison. ancien gouvernement. corps anguleuse.

3. Un feu ardent. des feux ardents. une feuille anguleuse. des feuilles anguleuses. rente annuel. fête annuelle. loyer annuelle. partie antérieur. fait antérieur. hauteur apparent. endroit apparent. dépense approximative. état approximatif. décision arbitraire. pouvoir arbitraire. terrain sec et aride. terre sec et aride. visage arrondi. forme arrondi. figure plein et arrondi. chapelle ardent. fleur artificiel. prairie artificiel ou naturel. ligne ascendant. lecture attachant. parole attendrissant. écolière docile et attentif. emploi lucratif. et très-avantageuse.

4. Un caractère aventureux. des caractères aventureux. une nation barbare. des nations barbares. four banal. rivière bas. mer bas. eau bas. maison bas. style bas. voix bas. beau oiseau. beau chien. bel tête. bel bouche. fièvre benin. eau bénit. cierge bénit. pluie bienfaisant. sourire bienveillant. tempérament bilieux. pain bis. farine bis. aventure bizarre. peau blanc et sec. papier blanc et sec. opinion blessant. œil bleu. couleur bleu. cheveu blond, long et bien peigné. barbe blond, long et mal peigné. monnaie blanc. linge blanc et propre.

5. Ce pays célèbre. ces pays célèbres. cette pierre calcaire. ces pierres calcaires. cet œil brillant. ces yeux brillants. table rond et boiteux. mine bouffon. huile bouillant. toile bourru et gros. sauce blanc. réponse sec et bref. note bref. robe blanc et long. esprit brouillon. bête brut. sucre brut. passion brutale. action brutal. paysan grossière et brutal. voyelle bref ou long. mal caduc. voix caduc. potion calmant. accusation calomnieux. assemblée cantonal. péché capital. ville capitale. oiseau captifs. âme captifs. chambre carré. figure carré.

6. Ce sujet comique. ces sujets comiques. cette pièce comique. ces pièces comiques. montagne caverneux. corps céleste. province central. humeur

gai ou chagrin. nouvelle certain. pied court et charnu. main court et charnu. porte charretier. eau chaud ou glacé. mère chéri et adoré. nation chrétien. parole circonspect. autorité civil. intérêt civil. eau clair et limpide. vin clair et fumeuse. assemblée clandestin. héritier collatéral. statue colossal. valeur collectif. maison commun. revenu communal. propriété communal.

7. Le cœur compatissant. les cœurs compatissants. l'âme compatissante. les âmes compatissantes. style concis. thèse concis. science concret. nombre concret. promesse conditionnelle. contrat conditionnel. lettre confidentiel. note confidentiel. arrêt confirmative. sentence confirmatif. discours confus. critique confus. lien conjugal. foi conjugal. nouvelle consolant. espoir consolateur. éloquence consolatrice. maxime corrupteur. charte constitutionnel. comité consultatif voix consultatif. maladie contagieux. auteur contemporain. histoire contemporain.

8. Le droit contentieux. les droits contentieux. l'affaire contentieuse. les affaires contentieuses. jardin contigu. maison contigu. travail continu. étude continu. attention continuel. soin continuel. âme contrit et humilié. cœur contrit et humilié. repas copieux. portion copieux. écriture correct. dessin correct. peine correctionnel. pois cossu et dur. fève cossu et dur. soldat courageuse. eau courant. chien courant. cheveu court. mémoire court. œil creux.

9. Un oiseau criard. des oiseaux criards. une dette criarde. des dettes criardes. lionne cruel. animal cruel. pomme cuit et sucré. pain cuit. sénat conservateur. loi conservateur. douleur cuisant. remède curatif. pièce curieux. science curatif. écriture cursif. épée long, pointu et damasquiné. fleur flétri et décoloré. morceau défectueux. pièce défectueux. route désert et dangereux. maladie

dartreuse. fraction décimal. calcul décimal. caractère défiant. question défini. voix délibératif. enfant dénaturée. mère dénaturée. action déplorable.

10. Un air désagréable. des airs désagréables. une clause dérogatoire. des clauses dérogatoires. fonds départemental. administration départementale. route départemental. tempête désastreux. parti désavantageux. géographie descriptif. parole désobligeant. loup dévorant. flammes dévorant. principe dévastateur. armée dévastateur. ligne direct. vue distinct. notion distinct. valeur distingué. mérite distingué. liqueur doux et coloré. peau douillet. orange doux. amande doux ou amer. ligne droit ou courbe. angle droit ou obtus. œil doux. eau doux.

11. Ce bois dur. ces bois durs. cette oreille dure. ces oreilles dures. voix doux et harmonieux. peau doux et velouté. témoignage éclatant. onde écumant. cri effrayante. paiement effectif. humeur égrillard. orateur éloquente. vertu éminente. herbe émollient. voix enchanteur. style enchanteur. ouvrage endormante. manière engageant. nombre entier. feuille entier. potage grasse et épais. sauce roux et épais. triangle équilatéral. plante équinoxial. personne exigeant. devis estimative. gloire éternel. procès éternel.

12. Ce carreau étoilé. ces carreaux étoilés. cette bouteille étoilée. ces bouteilles étoilées. fille étourdi. pays étranger. coutume étranger. paysage longue et étroit. réponse évasif. compte exacte. privilége exclusive. pouvoir exécutif. âme expansif. agent expéditive. nouvelle fâcheux. article facultatif. armée faible et démoralisé. dartre farineux. œil farouche. équipage fastueux. monnaie faux et discrédité. livre fautive. temps doux et calme. pluie doux et fécond. régime féodal. rente fictif. âme fier et hautain.

13. Le jour fixe. les jours fixes. la poire fondante.

les poires fondantes. compte final. écriture financier. flagrant délit. prairie fleuri. marchand forain. parole formel. odeur fort et puant. ile fortuné. pompe foulante. vent frais. matinée frais. œuf frais. eau frais, clair et agréable. terre franc. corps franc. compagnie franc. correction fraternel. banqueroute frauduleux. os frontal. pièce léger et fugitif. poudre fulminant. vent furieuse. chanson gai et amusant. humeur gai. brebis galeuse.

14. Le pays giboyeux. les pays giboyeux. l'action généreuse. les actions généreuses. manière galant. voix gémissant. carte géographique. cousine germain. réception glacial. action glorieux. matière gluant. humeur goguenard. esprit goguenards. architecture gothique. réception gracieux. grand amiral. grand général. fromage gras. oie gras. fille grassouillet. crayon graveleux. titre seigneurial. terre seigneurial. pension semestriel. faculté sensitive. appétit sensuelle. expression sentimental. cause séparatif.

15. Ce temps serein. ces temps sereins. cette matinée sereine. ces matinées sereines. chapelle sépulcral. affaire sérieux. costume somptueuse. combat singulier. aventure singulier. vertu social. vœu solennel. fête solennel. raison solide. nuit sombre. lecture soporatif. étoffe soyeuse. taffetas soyeuse. cour spacieux. jardin spacieuse. esprit spéculative. réponse spirituel. concert spirituel. mouvement spontanée. action spontanée. champ stérile. terre stérile. écolier studieux. personne studieux. parfum suave.

16. Ce voleur subtil. ces voleurs subtils. cette somme suffisante. ces sommes suffisantes. exhalaison sulfureux. vue subtil. aliment substantielle. nourriture substantielle. acide sulfureux. blessure superficiel, officier supérieur. région supérieur. posture suppliante. voix suppliant. pouvoir suprème.

coup sûr. règle sûr. fonction syndical. humeur taquin. caractère taquin. nouvelle tardive. fruit tardive. puissance temporel. peau tendre. tiers arbitre. fièvre tiers. parole touchant. regard touchant. dépêche télégraphique.

17. Un chemin tortueux. des chemins tortueux. une marche tortueuse. des marches tortueuses. événement tragique. loi traditionnel. couteau tranchant. faulx tranchant. verbe transitif. conjonction transitif. pensée transparente. décoration transparent. porte triomphale. jeu triomphale. entrée triomphant. pierre tumulaire. enfant turbulent: petite fille turbulent. désolation universel. ouvrage universel. correspondance utile. chemin utile. siége vacant. succession vacant. terre vague. terrain vague.

18. Un contrat valide. des contrats valides. une campagne vaste. des campagnes vastes. noix vert. pois vert. lumière vaporeux. tableau vaporeux. langue venimeux. adjectif verbal. procès-verbal. promesse verbal. pois vert. noix vert. point vertical. cheval vicieux. chemin vicinale. bourse vide ou plein. vieux parchemin. vieux proverbe. vieux ivrogne. vieil maison. mort violent. mal violent. nouvelle vrai ou faux. grâce habituel. péché habituel. œil hagard. son harmonique.

19. Cet humble serviteur. ces humbles serviteurs. cette humble prière. ces humbles prières. parole franc et hardi. manière franc et hardi. poire hâtif. chambre haut, carré et bien aéré. montagne haut et escarpé. action héroïque. famille heureuse. physionomie heureux. spectacle hideux. recueil historique. emploi honorable. mer houleuse. machine hydraulique. moyen illégal. puissance illimité. pouvoir illimitée. cause immédiat. successeur immédiat. action immorale. fait immorale. nom immortel. ruine imminent. cadence imparfait.

20. Cet historien impartial. ces historiens impar-
tiaux. cette loi impartiale. ces lois impartiales.
couronne impérial. vent impétueux. travail impor-
tante. nation imitateur, peuple imitateur. circonstance imprévu. terre sec et improductif, sol improductif. mère imprudent, rocher inaccessible. dent
incisif. clause incivil. pays inconnu. contrée inconnu.
proposition indéfini. quantité indéterminé. voie
indirecte. vue indirect. esprit inégal. humeur
inégal. succès inespérée. réussite inespérée. classe
inférieur. partie inférieur.

21. Le ministre influent. les ministres influents.
la cause influente. les causes influentes. personne
ingénu. puissance infernal. pauvre innocent. âme
innocent. lettre initial. vertu intact. mensonge insi-
dieuse. partie intégrant. servante intelligent. travail
intérieure. porte intérieure. fièvre intermittent.
frère jumeau. sœur jumeau. carpe laité. côté latérale. porte latérale. procédure légal. habit léger.
étoffe léger. assemblée législatif. corps législatif.
principe libérale. éducation libérale.

22. Le chemin raboteux. les chemins raboteux.
la plante légumineuse. les plantes légumineuses.
comité local. coutume local. valeur locatif. répara-
tion locatif. œil louche. esprit lourd. faute lourd.
chute lourd. force majeur. intérêt majeur. langue
maternel. bien maternel. mauvais cheval. eau mauvais. menu dépense. bâton court et menu. distance
méridional. pays méridional. fièvre malin. discours
malin. tour mesquin. pensée mesquin. pouvoir
modérateur. puissance modérateur. génie novateur.
société novateur.

23. Un plaisir momentané. des plaisirs momen-
tanés. une affliction momentanée. des afflictions
momentanées. visage mignon. taille mignon. principe minéral. eau minéral. étoffe moelleux. corps
mou. cire mou. vertu moral, conte moral. coup

mortel. blessure mortel. œil mourant. voix mourant.
rose mousseux. vin mousseux. officier municipal.
poire mûr. fruit mûr. école mutuel. enseignement
mutuel. beauté naïf. jour natal. pays natal. qualité
native. juge naturelle. histoire naturelle. statue
monumental.

24. Un remède nauséabond. des remèdes nauséa-
bonds. une odeur nauséabonde. des odeurs nauséa-
bondes. combat navale. armée navale. troupe
national. particule négatif. saison neigeux. genre
nerveux. cachot noir et humide. peau noir ou roux.
habit neuf. robe neuf. maison net. poids net. gaz
nitreuse. assemblée permanent. action permis.
société pernicieux. conseil pernicieux. tracasserie
perpétuel. mouvement perpétuel. mérite personnelle. faute personnelle. joug pesant. figure pesant.
parole piquant. force perturbateur.

25. Ce terrain plat. ces terrains plats. cette broderie plate. ces broderies plates. site pittoresque.
surface plan. armoire plein. mine pleureux. étoffe
plucheux. drap plucheux. jour pluvieuse. saison
pluvieuse. cheval poussive. rivière poissonneux.
étang poissonneux. ville populeuse. meuble pré-
cieuse. heure précis. jour précis. affaire pressant.
créature privilégié. verbe pronominal. ligne pro-
portionnel. voix public. place public. bruit public.
droit public. école normal. fruit nouveau. saison
nouvel.

26. Cet employé obligeant. ces employés obli-
geants. cette dame obligeante. ces dames obli-
geantes. société novatrice. génie novatrice. jambe
nu. tête nu. talent nul. conversation nul article nu-
méral. fille obéissant. clause obligatoire. système
odieux. action odieux. fleur odorant. nouvelle offi-
ciel. renseignement officielle. cheval ombrageux.
peau onctueux. mensonge officieuse. condition oné-
reuse. format oblong. figure oblong. tableau ori-

ginal. pensée original. figure oval. chant pastoral.

27. L'œil perçant. les yeux perçants. la vue perçante. les vues perçantes. cheval ombrageux. femme oublieux. ouvrier patient. ouvrière patient. bien patrimonial. sirop pectoral. soin perdu. peine perdu. saut périlleux. air pure. vin pur. eau pur. boisson purgative. remède purgative. fleur purpurin. signe radical. quantité radical. boisson rafraîchissant. tête ras. menton ras. rapport rationnel. quantité rationnel. travail rebutant. raison réciproque. trait reconnaissable. contribution recouvrable.

28. Le panneau recouvert. les panneaux recouverts. la marmite recouverte. les marmites recouvertes. livre récréatif. lecture récréatif. triangle rectangle. figure triangulaire. acte rectificative. angle rectiligne. vice rédhibitoire. taille réel. vaisseau réfrigérant. école régimentaire. parole regrettable. pouvoir régulateur. force régulateur. place régulier. bâtiment régulier. pronom relatif. proposition relatif. figure ressemblant. gouvernement représentatif. onguent résolutive. drogue résolutive. arbre résineux. saveur résineux.

29. Un effet rétroactif. des effets rétroactifs. une cause rétroactif. des causes rétroactives. propos révélatrice. saison rigoureux. sujet romantique. idée romantique. table rond ou carré. chapeau rond. animal rongeur caisse roulant. château royal. résidence royal. lion rugissant. lionne rugissant. opération ruineux. animal ruminant. terrain sablonneux. angle saillant. partie saillant. parole saint. doctrine sain. combat sanglant. tempérament sanguin. loi sanguinaire. hareng saure. animal sauvage.

30. Un ouvrier maladroit. des ouvriers maladroits. une ouvrière maladroite. des ouvrières maladroites. fille savant. poire savoureux et succulent. humeur scrofuleux. raisin sec. matière sec. peau sec.

poire sèche. linge sèche. escalier secret. proclamation séditieux. coloris mat. couleur mat. personne maladif. arme luisant. emploi lucratif. place lucratif. chemin long et étroit. route long et étroit. chat maigre. confiture sec. porc ladre. melon juteux. pêche juteux. marbre jaspé, étoffe jaspé. esprit inquiet. âme inquiet.

EXERCICES AVEC LE VERBE *ÊTRE*.

1. Je suis affable. j'étais imprudent. je fus écorché. j'ai été étourdi. j'eus été immortel. j'avais été nul. je serai coquet. j'aurai été bref. je serais actif. j'aurais été franc. sois affectueux. que je sois afficheur. que je fusse habile. que j'aie été hardi. que j'eusse été hideux.

2. Je suis héréditaire. j'étais heureux. je fus honnête. j'ai été honteux. j'eus été ignorant. j'avais été illicite. je serai illustre. j'aurai été enrhumé. je serais impertinent. j'aurais été imprudent. sois impuissant. que je sois puni. que je fusse incapable. que j'aie été incertain. que j'eusse été inconstant.

3. Je suis incorrigible. j'étais indécent. je fus indécis. j'ai été indifférent. j'eus été indigent. j'avais été inexact. je serai indomptable. j'aurai été indulgent. j'eus été ingénu. j'avais été inhumain. j'aurais été injurieux. sois instruit. que je sois intact que je fusse intelligent. que j'aie été jaloux. que je fusse laid.

4. Je suis mordant. j'étais oisif. je fus orgueilleux. j'ai été injuste. j'eus été insouciant. j'avais été insolent. je serai pareil. j'aurai été peureux. je serais radieux. j'aurais été rampant. sois riverain.

que je sois rival. que je fusse séduisant. que j'aie été sensible. que j'eusse été seul.

5. Je suis sobre. j'étais soigneux. je fus sot. j'ai été stupide. j'eus été sublime. j'avais été superbe. je serai tel. j'aurai été joli. je serais vain. j'aurais été vilain. sois poli. que je sois inclus. que je fusse idiot. que j'aie été exclus. que j'eusse été étourdi.

6. Je suis vieux. j'étais arrondi. je fus universel. j'ai été vermeil. j'eus été gros. j'avais été gras. je serai vieillot. j'aurai été vif. je serais muet. j'aurais été fluet. sois actif. que je sois veuf. que je fusse tardif. que j'aie été paresseux. que j'eusse été joueur.

7. Je suis directeur. j'étais parleur. je fus coureur. j'ai été tuteur. j'eus été opérateur. j'avais été supérieur. je serai inférieur. j'aurai été gouverneur. je serais malin. j'aurais été serviteur. sois benin. que je sois long. que je fusse tiers. que j'aie été frais. que j'eusse été favori.

8. Je suis majeur. j'étais mineur. je fus coi. j'ai été gentil. j'eus été autorisé. j'avais été exposé. je serai doux. j'aurai été anéanti. je serais ému. j'aurais été aperçu. sois averti. que je sois roux. que je fusse éventuel. que j'aie été douillet. que j'eusse été excessif.

9. Je suis caduc. j'étais sec. je fus imitatif. j'ai été blanc. j'eus été franc. j'avais été public. je serai rieur. j'aurai été inventeur. je serais violateur. j'aurais été meilleur. sois artisan. que je sois écrivain. que je fusse auteur. que j'aie été imprimeur. que j'eusse été conspirateur.

10. Je suis errant. j'étais assis. je fus opulent. j'ai été interdit. j'eus été affamé. j'avais été agresseur. je serai imposteur. j'aurai été châtain. je serais beau. j'aurais été édifiant. sois agréable. que je sois orateur. que je fusse grec. que j'aie été errant. que j'eusse été avocat.

11. Je suis pêcheur. j'étais enchanteur. je fus huguenot. j'ai été discret. j'eus été épais. j'avais été curieux. je serai savant. j'aurai été enrichi. je serais enlaidi. j'aurais été fripon. sois poltron. que je sois absous. que je fusse dissous. que j'aie été replet. que j'eusse été mou.

12. Je suis nouveau. j'étais antérieur. je fus observateur. j'ai été flatteur. j'eus été apprêteur. j'avais été expansif. je serai époux. j'aurai été guilleret. je serai inconnu. j'aurais été élu. sois invariable. que je sois âgé. que je fusse importun. que j'aie été ancien. que je fusse essentiel.

EXERCICES SUR LE VERBE *AVOIR.*

1. J'ai soin. j'avais besoin. j'eus compassion. j'ai eu espérance. j'eus eu croyance. j'avais eu opinion. j'aurai pitié. j'aurai eu envie. j'aurais idée. j'aurais eu peur. aie souvenance. que j'aie coutume. que j'eusse souci. que j'aie eu crédit. que j'eusse eu regret.

2. J'ai permission. j'avais confiance. j'eus honte. j'ai eu connaissance. j'eus eu tort. j'avais eu faim. j'aurai droit. j'aurai eu raison. j'aurais soif. j'aurais eu accès. aie patience. que j'aie horreur. que j'eusse aversion. que j'aie eu espoir. que j'eusse eu intention.

QUESTIONNAIRE

SUR LE SYSTÈME MÉTRIQUE.

Quelle est l'unité de mesure de longueur ?
C'est le mètre.
Quelle est l'unité de surface ?
C'est l'are.
Quelle est l'unité de mesure pour le bois de chauffage ?
C'est le stère.
Quelle est l'unité de capacité ?
C'est le litre.
Quelle est l'unité pondérable ?
C'est le gramme.
Que signifie le mot pondérable ?
Ce mot signifie équilibre. Le gramme, unité de poids, est formé d'un centimètre d'eau distillée (très-pure), pesée dans le vide et à sa plus grande densité.
Que veut dire densité ?
Densité veut dire épais, compacte. Comme la chaleur écarte les molécules de l'eau et que le froid les rapproche, on a pris la température de 4 degrés ; c'est à cette température que l'eau est à sa plus grande densité ; à une température plus froide, le rapprochement des molécules de l'eau cesse, et se change en écartement.
Quelle est l'unité monétaire ?
C'est le franc.
Pourquoi donnez-vous à ces mesures le nom de mesures métriques ?
Parce qu'elles sont toutes formées du mètre.

Qu'est-ce que le mètre ?

Le mètre est une mesure prise dans la nature, c'est la dix millionième partie de la distance du pôle à l'équateur.

Comment nommez-vous une longueur de 10 mètres ?

Je l'appelle un décamètre.

Quels noms donnez-vous aux distances de 100 mètres, 1000 mètres et 10,000 mètres ?

Je nomme hectomètre une distance de 100 mètres, kilomètre celle de 1000 mètres, et myriamètre celle de 10,000 mètres.

Comment divise-t-on le mètre ?

En dix parties qu'on appelle décimètres, en cent parties appelées centimètres et en mille parties appelées millimètres.

Qu'est-ce que le myriamètre ?

C'est la mesure itinéraire, c'est-à-dire celle des routes et des chemins.

Qu'est-ce que l'are ?

C'est une surface carrée de 10 mètres de côté.

Comment nommez-vous la surface qui contient 100 ares ?

Je nomme hectare une surface de 100 ares.

Quelle est la centième partie de l'are ?

C'est un centiare, ou mètre carré.

Qu'est-ce que le stère ?

C'est une mesure qui a un mètre de haut, un mètre de large et un mètre de profondeur.

Quel est son usage ?

Il sert à mesurer les bois de chauffage.

Comment nommez-vous la mesure qui contient 10 stères ?

Je la nomme décastère.

Quel est le nom des mesures 10 et 100 fois plus petites que le stère ?

Décistère et centistère.

Qu'est-ce que le litre ?

C'est un cylindre dont la contenance est égale à celle d'un décimètre cube.

Quelle est la forme du litre pour mesurer les matières sèches ?

C'est un cylindre dont la hauteur et le diamètre ont chacun 0,108.

Quelle est la forme du litre pour mesurer les liquides ?

C'est un cylindre dont la hauteur est double du diamètre 0,172 de hauteur, 0,086 de diamètre.

Quels sont les noms des mesures qui contiennent 10 litres, 100 litres, 1,000 litres et 10,000 litres ?

Ce sont : décalitre, hectolitre, kilolitre et myrialitre.

Quels sont les noms des mesures 10, 100 et 1,000 fois plus petites que le litre ?

Décilitre, centilitre et millilitre.

Qu'est-ce que le gramme?

Le gramme est le poids d'un centimètre cube d'eau distillée.

Quels noms donnez-vous aux poids de dix, cent, mille et dix mille grammes?

Je nomme décagramme le poids de 10 grammes, hectogramme celui de 100 grammes, kilogramme celui de 1,000 grammes, et myriagramme celui de 10,000 grammes.

Comment nommez-vous la dixième, la centième et la millième partie du gramme?

Je les nomme décigramme, centigramme et milligramme.

Qu'est-ce que le franc?

C'est une pièce d'argent du poids de 5 grammes avec un dixième d'alliage de cuivre.

Quel est le diamètre de cette pièce?

Son diamètre est de 0,023.

Comment nommez-vous la dixième partie et la centième partie du franc.

Je les nomme décime et centime.

Qu'est-ce que les décimales?

Ce sont des nombres par lesquels on exprime des quantités de dix en dix fois plus petites que l'unité.

D'où empruntent-elles leur nom?

Des unités qui leur sont correspondantes en ajoutant la finale *ième* : Ex. ; dix, dixième; cent, centième, etc.

Comment écrit-on les décimales ?

Les décimales s'écrivent de la même manière que les nombres entiers ; seulement pour les distinguer de ces derniers, on les en sépare par une virgule.

Nommez les décimales ?

Dixième, centième, millième, dix millième, cent millième, etc.

Combien faut-il de chiffres après la virgule pour écrire les dixièmes, les centièmes, les millièmes, etc?

Pour les dixièmes un chiffre, pour les centièmes deux chiffres, etc.

ARITHMÉTIQUE.

Qu'est-ce que l'arithmétique ?

C'est la science des nombres et du calcul.

Qu'est-ce que l'unité ?

On nomme unité la grandeur qui sert de terme de comparaison aux grandeurs de la même espèce. Ex. ; 6 mètres, 15 mètres; l'unité est un mètre, 8 francs, 17 francs ; l'unité est 1 franc ; trois tas de pommes, six tas de pommes. Un tas est une unité ; ce n'est que le collectif *tas* que l'on considère et non les fruits.

Qu'est-ce que le nombre ?

Le nombre est ce qui exprime combien il y a d'unités dans une quantité; comme 5, 7 ou 8 fois, etc.

Qu'appelle-t-on nombres abstraits ?

Ce sont ceux qui ne sont appliqués à aucune espèce de chose déterminée, comme 6, 8, 20, ou 7 fois, 15 fois, etc.

Qu'appelle-t-on nombres concrets?

Ce sont ceux qui expriment une espèce de chose déterminée, comme 7 mètres, 25 francs, 18 jours, etc.

Qu'appelle-t-on nombres simples?

Ce sont ceux qui ne contiennent qu'une seule espèce de quantité, comme 3 mètres, 15 francs, 34 kilogrammes, etc.

Qu'appelle-t-on nombres composés?

Ce sont ceux qui contiennent plusieurs espèces de quantités de même nature, comme 4 mètres 3 décimètres 7 centimètres; 8 francs 5 décimes 4 centimes; 7 grammes 6 décigrammes 2 centigrammes, etc.

Qu'est-ce qu'un nombre entier?

C'est celui qui contient l'unité une ou plusieurs fois exactement ; comme 1, 3, 4, 17, 48, 650, etc.

Qu'est-ce que le calcul?

C'est l'art de composer les nombres et de les décomposer par diverses opérations.

Quelles sont les opérations fondamentales de l'arithmétique?

Ce sont : l'addition, la soustraction, la multiplication et la division.

DE LA NUMÉRATION.

Qu'est-ce que la numération?

C'est l'art de représenter et d'énoncer la valeur des nombres.

De quoi se sert-on pour représenter les nombres?

On se sert de dix caractères ou chiffres qui nous viennent des Arabes; ce sont : 0, 1, 2, 3, 4, 5, 6, 7, 8, 9.

Combien les chiffres ont-ils de valeurs ?

Deux; l'une se nomme absolue et l'autre relative.

Qu'est-ce que la valeur absolue d'un chiffre ?

C'est celle qu'il a, étant considéré seul.

Qu'est-ce que la valeur relative d'un chiffre ?

C'est celle que lui donne le rang qu'il occupe : ainsi dans 46 la valeur du premier chiffre est 4, mais sa valeur relative est quatre dizaines ou quarante parce qu'il est au second rang, et la valeur du second chiffre est 6.

DE L'ADDITION.

Qu'est-ce que l'addition ?

L'addition est une opération par laquelle on joint ensemble plusieurs quantités de même espèce pour en faire un seul nombre que l'on appelle somme ou total.

Que faut-il observer pour bien faire l'addition ?

Il faut écrire les nombres de même espèce les uns sous les autres, les unités sous les unités, les dizaines sous les dizaines, etc.

Par où faut-il commencer l'addition?

Par la colonne des chiffres qui est à la droite.

Pourquoi faut-il commencer par la droite ?

Afin de porter les dizaines qui proviennent des unités à la colonne des dizaines, et les centai e qui proviennent des dizaines à la colonne des centaines; ainsi de suite.

DE LA SOUSTRACTION.

Qu'est-ce que la soustraction ?

C'est une opération par laquelle on retranche un nombre d'un autre nombre de même espèce, pour connaître de combien le plus grand surpasse le plus petit.

Comment nomme-t-on le résultat de la soustraction ?

On le nomme reste, excès ou différence.

Comment fait-on la soustraction ?

On écrit le plus petit nombre sous le plus grand, on ôte ensuite les unités du plus petit de celles du plus grand, et on met le reste au-dessous de la même colonne ; ainsi des dizaines, des centaines, etc.

DE LA MULTIPLICATION.

Qu'est-ce que la multiplication ?

C'est une opération qui a pour but de chercher un nombre qui soit formé avec un nombre donné, comme un second nombre donné est formé avec l'unité.

Comment nomme-t-on le résultat de la multiplication ?

Il se nomme produit.

Comment connaît-on le multiplicande dans la multiplication des nombres entiers ?

On connait le multiplicande en ce qu'il est de même nature que le produit.

Qu'est-ce que le multiplicateur ?

Le multiplicateur est le nombre qui indique combien de fois il faut répéter le multiplicande.

Peut-on appliquer cette règle à la multiplication des fractions ordinaires ?

Non : dans la multiplication des fractions ordinaires, multiplier ne veut pas toujours dire rendre plus grand, parce que le produit d'un nombre quelconque de fractions est toujours plus petit que chacune d'elles.

Quel est le nom commun aux deux termes de la multiplication ?

On les appelle facteurs de la multiplication ou du produit.

DE LA DIVISION.

Qu'est-ce que la division ?

C'est une opération par laquelle on cherche combien de fois un nombre qu'on appelle dividende en contient un autre qu'on appelle diviseur. En d'autres termes, c'est chercher un nombre nommé quotient qui, multiplié par le diviseur, donne pour produit le dividende.

Comment peut-on encore définir la division ?

En une opération par laquelle on partage une quantité donnée en autant de parties égales que l'on veut.

Quel est le principal usage de la division ?

La division sert à découvrir combien de fois une quantité est contenue dans une autre.

Combien doit-il y avoir de chiffres au quotient ?

Autant qu'il y a de membres dans la division.

Qu'est-ce qu'on appelle membres de division?

Ce sont les différentes parties du dividende, pour lesquelles il faut faire des divisions particulières, lorsqu'on ne peut le diviser tout d'un coup.

Comment connait-on le nombre de membres qu'il y a dans une division?

En prenant autant de chiffres à la gauche du dividende qu'il en faut pour que tout le diviseur y soit contenu, on a le premier membre; et le nombre de figures qui restent au dividende indique combien il doit y avoir de membres avec le premier.

TABLE DE MULTIPLICATION.

2 fois	1 font	2	5 fois	1 font	5	8 fois	1 font	8
2	2	4	5	2	10	8	2	16
2	3	6	5	3	15	8	3	24
2	4	8	5	4	20	8	4	32
2	5	10	5	5	25	8	5	40
2	6	12	5	6	30	8	6	48
2	7	14	5	7	35	8	7	56
2	8	16	5	8	40	8	8	64
2	9	18	5	9	45	8	9	72
2	10	20	5	10	50	8	10	80
3	1	3	6	1	6	9	1	9
3	2	6	6	2	12	9	2	18
3	3	9	6	3	18	9	3	27
3	4	12	6	4	24	9	4	36
3	5	15	6	5	30	9	5	45
3	6	18	6	6	36	9	6	54
3	7	21	6	7	42	9	7	63
3	8	24	6	8	48	9	8	72
3	9	27	6	9	54	9	9	81
3	10	30	6	10	60	9	10	90
4	1	4	7	1	7	10	1	10
4	2	8	7	2	14	10	2	20
4	3	12	7	3	21	10	3	30
4	4	16	7	4	28	10	4	40
4	5	20	7	5	35	10	5	50
4	6	24	7	6	32	10	6	60
4	7	28	7	7	49	10	7	70
4	8	32	7	8	56	10	8	80
4	9	36	7	9	63	10	9	90
4	10	40	7	10	70	10	10	100

Imprimerie Ducessois, 55, quai des Augustins.